FIIs para não iniciantes

I0463002

Artur Losnak CFA e Alexandre Oliveira

Conteúdo

Agradeço de maneira antecipada a todos que, de alguma maneira se sentiram incomodados em divulgar o seu próprio trabalho. Sugiro explicitamente que você encontre coragem e desenvolva um livro, mesmo que de maneira anônima.

A minha namorada Fernanda Xavier Piovesan pela paciência neste processo de escrever o livro.

Ao Alexandre de Oliveira Carneiro por revisar esta publicação e a deixar legível. Um outro ponto de vista sempre acrescenta à discussão.

A *New York Public* Library pelo acesso gratuito, e por me acolher naquele inverno congelante de 2019. Assim como serviu de inspiração para grandes escritores, aproveitei para escrever algumas páginas do meu livro lá, e assim tentar entrar para o Hall da Fama literário.

Agradeço ao amigo Reinaldo Contartesi por seus insights de marketing, pela camisa social emprestada e pela bebedeira no quarto 436 do *Ohio University Inn & Conference Center*.

Aos meus gatos Viking e Vegas, pois não tacaram fogo na casa, cuidaram bem dos sofás e cortinas, e não procriaram enquanto estive fora escrevendo este livro.

Por fim, ao Marcos Baroni por seus inúmeros conteúdos sobre fundos imobiliários. Acredito que iremos dar maior maturidade à indústria de fundos imobiliários com a contínua geração e transmissão de conhecimento. Parabéns, Baroni.

O "ranqueamento" desses agradecimentos não possui uma ordem lógica ou de importância, mas sim à medida que fui me lembrando. Se não lhe agradeci nesta obra, fique tranquilo, outras virão. □

Capítulo 1 INTRODUÇÃO

Por que o título é FIIs para não iniciantes? Pelo simples motivo de que quero pular uns passos e explicar o que eu acho importante.

Não perder tempo no básico e ir para o filé mignon.

Não é a minha proposta te ensinar o que significa fundos de investimento imobiliário. Há muita informação básica já disponível.

Eu quero aprofundar um pouco. A proposta desse livro é mostrar como eu penso para comprar FIIs e tentar fugir um pouco do óbvio. Não ficar focando em definições e regulação.

Se você não quer tomar risco, compre uma NTN-F e segure ela até o vencimento. Você terá um rendimento semestral bastante previsível.

Infelizmente ao investir em fundos imobiliários você vai ter que estudar de maneira contínua, não tem segredo.

Eu não posso te prometer que você vai ganhar dinheiro rápido e sim quero forçar você a usar o que está entre as suas orelhas.

Sim, o seu cérebro.

Agora, se você possui interesse e disposição a tomar risco, pode continuar a ler o livro.

Capítulo 2 INVESTINDO EM FIIs

As pessoas costumam comprar um FII pela renda e acabam recebendo um ativo "sem querer", enquanto o correto seria escolher um ativo e consequentemente ter a renda dele.

Foque no input (de onde vem o dinheiro), ao invés do output (dividendo).

Acredito que um déficit estrutural no Brasil e um desafio na previdência force o brasileiro a criar a sua própria poupança.

E os FIIs, por terem um costume de pagamento de dividendos mensal, ajudam nisso.

2.1 Risco x Retorno

Primeiramente, é necessário entender a relação risco x retorno. Não deveria haver um produto com retorno maior e risco menor.

Todo mundo adora retorno alto. Todo mundo sabe o que significa a palavra retorno. Mas quando perde dinheiro é que se entende o que significa a palavra risco.

É típico do ser humano ter uma aversão a perdas. É melhor deixar de perder 100 reais que ganhar 100 reais.

A lição que deixo aqui é aprender qual o seu apetite de risco.

Abaixo está um exemplo do teste de perfil de investidor.

http://bit.ly/testeperfilrisco

Quando você faz cadastro em corretoras e bancos, normalmente eles fazem algo parecido.

O meu aprendizado é que normalmente eles se esforçam em derrubar o seu apetite de risco para não terem aporrinhação se você perder dinheiro.

Mas não tenha medo, perder dinheiro é parte do processo de aprendizado.

Uma brincadeira que costumo sugerir é que você pergunte aonde o seu gerente do banco ou seu assessor de investimento alocam o dinheiro deles.

É engraçado ver o cara que se julgava o dono do mundo gaguejar por uns segundos.

Claro que cada um tem apetite a risco diferente, mas é importante tirar as outras pessoas da zona de conforto. E aprender a tomar decisões baseadas em argumentos.

Lembre-se que todo momento é específico de cada pessoa, por isso recomendo que o teste de perfil de risco seja feito pelo menos a cada seis meses.

O risco em si não é ruim, agir sem ter noção do que está acontecendo é ruim. FIIs são ativos de risco e a você precisa aprender qual é o seu conforto em tomar risco. Eles são mais próximos da renda variável que da renda fixa.

2.2 Isenção tributária

Infelizmente o brasileiro criou o costume de colocar dinheiro em produto que não paga imposto de renda, mesmo que em algumas situações as pessoas ganham mais dinheiro ao escolher produtos tributáveis.

Espero que seja uma modinha temporária e as pessoas voltem a fazer a conta da rentabilidade potencial de cada investimento.

Muita gente comenta sobre o risco de tributarem os dividendos de FII, que a indústria iria acabar, etc.

Acredito que as pessoas que são desesperadas por evitar pagamento de imposto devem ficar com medo dessa nova realidade e reduzirem sua exposição em fundos imobiliários.

De qualquer jeito, a estrutura da indústria está dada. A oportunidade de investir em ativos sólidos, de grande qualidade continua.

De um dia para o outro receber 15-20% menos dividendos é ruim, ninguém vai negar. Mas não é o fim do mundo.

Acredito que a indústria se mostraria ao mundo mais madura e independente se tirasse logo essa pedra no sapato.

Cabe lembrar que em 2015, quando a indústria de FIIs era bem menor, o potencial de arrecadação com implementação da tributação de dividendos em FIIs seria menor que 1 bilhão de reais.

Obviamente a indústria cresceu ao longo dos anos e a receita para o Governo seria maior, mas no meu entendimento não seria algo relevante o suficiente para salvar as contas do Governo.

Eu entendo que sim, o fim da isenção tributária é um bom exemplo a ser dado para mostrar a que a indústria de FIIs é robusta o suficiente e consegue caminhar sem essa "muleta".

2.3 No que investir?

Essa é uma das perguntas que mais recebo. E a resposta é bastante simples: no que você conhece, pelo simples fato de ter consciência dos riscos que você está tomando.

Ok Artur, mas tem um monte de fundo imobiliário listado. Qual eu escolho para investir?

Se você não conhece nenhum FII e precisa começar de algum lugar, sugiro começar a ler relatório gerencial de fundos de fundos imobiliários.

Lá o gestor comenta quais fundos ele comprou recentemente e quais ele vendeu. Normalmente ele dá uma justificativa do ajuste das posições. O relatório abaixo do TFOF é um bom exemplo.

http://bit.ly/relatorioTFOF

Aumentar o número de ativos que você acompanha e o número de indicadores nunca é demais.

É óbvio que passado não é um bom preditor do futuro e as oportunidades que o fundo teve no passado não necessariamente irão se repetir, mas é bastante construtivo saber o que outras pessoas estão pensando para auxiliar a tomar uma decisão.

O FoF possui vários ativos dentro da carteira que podem ser sugestões para você estudar melhor. Inclusive o próprio FoF pode ser uma alternativa de investimento.

É importante saber no que você está alocando pois quando você perde dinheiro, você necessariamente revê os seus conceitos. Se você não tem conceito algum, como irá revisar eles?

Eu costumo brincar que fundo imobiliário é feito para você premiar o gestor. Se você gosta do gestor e o preço do FII está convidativo, aloque mais recursos nele.

Se você acha que ele não está fazendo um bom trabalho, deixe de reinvestir e, em um segundo momento, venda as cotas do fundo imobiliário.

Gestores cujo FII pertence ao IFIX costumam ser remunerados pelo valor de mercado, então é do interesse deles que a cota se valorize.

Reduzir os FIIs que você olha para a composição do IFIX é algo desnecessário, na minha opinião. Entenda a linha de raciocínio dos outros gestores e vá aprendendo com os erros e acertos deles.

2.4 Quais itens a serem observados antes de investir em um FII?

Depois que você conseguiu escolher alguns fundos para começar a acompanhar, é hora de aprender o que significa este fundo. Leia o regulamento e o prospecto.

Normalmente tem muito texto, principalmente de advogado (por exigência do regulador), mas eu prefiro texto que gráfico.

O gráfico sempre te induz a uma conclusão. É um pouco mais difícil praticar isso em um texto. Não há entonação da voz nem uma imagem que atraia a atenção.

Foque no texto, que é o que importa. É o que eles enviam ao órgão regulador, não podem faltar com a verdade.

No prospecto observe: (i) a destinação dos recursos, (ii) os custos da oferta, (iii) rentabilidade alvo e (iv) o estudo de viabilidade. E entender se eles são plausíveis ou não.

O que é plausível? Leia outros prospectos e tenha uma noção para fazer comparabilidade.

No regulamento foque no: (i) prazo de duração, (ii) política de partes relacionadas, (iii) liberdades que o fundo possui na sua política de investimento, (iv) aonde o fundo aloca em ativos de liquidez (enquanto não adquire ativos alvo) e (v) por quanto tempo essa alocação nos ativos de liquidez acontece.

Se o fundo permanece por mais de 6 meses em ativos de liquidez, talvez o tamanho da oferta foi mal calculado. E a rentabilidade do cotista será prejudicada.

Se há mais de uma classe de cotas, qual seria o motivo para isso.

Algo que gosto bastante de observar é a promessa (estudo de viabilidade) e contrastar com a realidade.

Alguns fundos "esquecem" da promessa e tocam a vida, portanto é sempre importante homenagear quem se lembra do investidor que acreditou no que foi escrito na oferta: RBRR11.

http://bit.ly/relatorioRBRR

2.5 A que preço entrar?

Depois definir quais FIIs você gostaria de ter na carteira, estipule um preço de entrada e acompanhe para ver se há oportunidade de entrar no seu preço desejado.

O preço desejado é o preço que você gostaria de comprar determinado FII. E você determina de várias maneiras (cada um possui o seu gosto pessoal).

É possível avaliar determinado ativo via fluxo de caixa (DCF), comparáveis ou valor residual.

No DCF você traz a valor presente todos os fluxos de caixa futuros que o ativo irá gerar.

É muito difícil fazer previsões sobre qualquer ativo daqui 5 – 10 anos, logo quem tem o foco no curto prazo prefere outros tipos de avaliações.

Em comparáveis você compara o ativo alvo com *peers*. Como o valor por metro quadrado da região contra o preço por metro quadrado atualmente precificado no FII.

No valor residual, você analisa qual seria o valor final se encerrasse o FII e vendesse todos os ativos que o FII possui.

Existe uma discussão importante sobre liquidez dos ativos. A facilidade (e a qual preço) é possível se desfazer dos ativos.

No caso de imóveis, trabalham também com a possibilidade de derrubar tudo e utilizar apenas o terreno.

Eu já tive essa experiência várias vezes: estudei profundamente um FII, mas ele está muito caro (SHPH11, por exemplo).

Aí você não aloca dinheiro e acaba parecendo que o tempo foi literalmente jogado fora.

Peço apenas paciência e vá estudar outro ativo. Uma hora você vai achar um ativo barato e "investível".

Você não jogou dinheiro fora, apenas aprendeu mais.

Enquanto isso, você vai crescendo o número de ativos que você conhece no detalhe. Como a bolsa brasileira é pequena, isso é algo bastante valioso.

Talvez isso não seja relevante para a bolsa americana.

Uma técnica que gosto de usar para comprar ativos é a pescaria: você coloca ordem de compra com desconto ao preço de fechamento e deixa ela válida por alguns dias.

Acho errado deixar por mais de 1 semana por às vezes surge algum evento novo e você é surpreendido.

De preferência insira as ordens no homebroker fora do horário de negociação da bolsa. Assim você toma decisões de maneira mais racional (e menos emocional).

Entenda o racional da criação do FII. Para quem você está dando liquidez? Para determinado banco que precisa ajustar seu balanço? Para uma incorporadora quebrada?

Afinal, quando alguém compra uma cota outra pessoa necessariamente vende.

2.6 Quando entrar?

Os astros nunca vão estar alinhados para você tomar a decisão de iniciar investimento. Sempre vai ter alguma ressalva para evitar investir o dinheiro em determinado ativo.

Lembro na corretora que eu trabalhava que a galera brincava que para fazer um bom modelo ia demorar muito tempo, mais de 6 meses.

O problema é que muita coisa acontece em 6 meses e às vezes o modelo que você desenvolveu precisa ser revisado.

Então inicie o quanto antes, cometa erros e vá aprendendo.

Na primeira vez que comprei uma ação eu levei um susto com a quantidade de taxas que eu paguei: ISS, corretagem, emolumentos, etc.

Passou um mês e levei outro susto: custódia. Ainda bem que quebrei a cara com 200 reais.

Aprendi a ter cara de pau e fiquei chorando para não pagar custódia (pois trabalhava na corretora) e conseguiram me isentar. Quem não chora não mama.

O truco é sempre válido, o não você já tem.

Depois que você fez besteira e comprou um ativo com 200 reais, é hora de usar o seu cérebro para pensar.

Eu não tenho SHPH11 pois toda vez que olhava para ele, o preço não fazia sentido. Nunca entrei e toda semana me questiono se um dia realmente conseguirei entrar.

2.7 O quanto investir?

Não há resposta correta, prefiro que responda essa outra pergunta: o que você quer com FIIs?

Renda ao longo dos meses? Invista até atingir a renda sonhada. Eu fiquei muito feliz quando consegui pagar a conta de luz apenas com dividendos de FIIs.

Ficar exposto a investimentos alternativos e reduzir a volatilidade da sua carteira? É possível também.

Estabeleça sua estratégia e seja fiel a ela.

Só não vale só assistir as cotações subirem e caírem pois você não sente a pontada no coração quando a cota cai 10% em um único dia.

Estamos no negócio de ganhar dinheiro, o que pressupõe colocar o dinheiro em risco.

2.8 Qual a frequência de alocação?

Isso depende muito da sua fonte de renda. Eu sempre aloco em FIIs mensalmente.

Cada FII possui uma data específica para pagar dividendos, então costumo enviar minhas ordens de compra a cada 2 semanas.

Sempre tente alocar todo mês. Artur, e se não houver oportunidade no momento? Expandir a sua grade de acompanhamento.

Todo momento é um bom momento para aprender. Seja ganhando dinheiro, perdendo ou ficando no zero a zero.

Recomendo não usar todo o dinheiro que você reservou para FIIs para comprar eles. É sempre bom deixar um pouco de dinheiro no caixa para aproveitar alguns momentos "oportunísticos". Pelo menos 10% do que você vai alocar em FIIs.

Além disso, algum ativo pode chegar a um preço que você acredita ser interessante e você vai ficar se lamentando por não ter comprado.

2.9 Quantos ativos acompanhar?

Eu diria todos. Eu sei que é humanamente impossível, mas tenha essa meta.

Eu trabalhei em uma corretora de 2013 a 2015. Falar para investir em ações soava às vezes como um crime.

Existem ciclos e ciclos. Depois da crise vem a bonança e depois da bonança vem a crise.

Eu aprendi que dado que o investidor cometeu o "erro" de investir na bolsa em 2015, eu deveria falar a melhor oportunidade para ele.

Não a melhor oportunidade do meu setor. Afinal, ele não é obrigado a investir uma parte específica do dinheiro dele em commodities e uma parte em bancos.

Ele vai investir aonde dá mais dinheiro. Simples assim.

Transportando para FIIs, entenda todos os segmentos: CRI, imóvel, FoF, desenvolvimento, etc.

E tenha um juízo de valor (você pode acertar ou não) de qual segmento você acredita que vá performar melhor ou não. E se essa melhor performance é no curto prazo ou no médio prazo.

Sempre se esforce em aprender pelo menos um ativo novo por mês. Graças a essa auto cobrança, descobri no Plantão Empresas da Bolsa o KDIF.

O nome completo é KDIF-FID01B0, que é um fundo de investimento em cotas de FIDCs focado em debêntures incentivadas.

Não há tributação em dividendos nem em ganho de capital. Eu possuo cotas deste fundo e acredito que seja uma boa oportunidade a ser estudada a quem possui aversão a pagar imposto.

2.10 O quanto de informação preciso ter?

Existem dois mundos no mercado financeiro: o mundo em que você obteria todos os dados que você quisesse e o mundo em que alguns dados não são públicos, o gestor não possui interesse em divulgar, etc.

O desafio é justamente esse: juntar estes dois mundos e conseguir concluir com uma opinião. Comprar ou não comprar determinado ativo.

Aprenda a trabalhar com menos informação que gostaria e ter conclusões não óbvias.

Seria ótimo que a chance de o investimento ser bem sucedido fosse 99% e a chance de não ser bem sucedido ser 1%.

Mas a vida não é tão óbvia e às vezes decisões de investir ou não em determinados ativos será algo de 66% de sucesso x 34% de fracasso. Resumindo, aproximadamente 2 para 1.

O mercado financeiro é dinâmico. Justamente quando você estava concluindo a sua opinião, surgem novos dados para bagunçar tudo.

Por isso, não tenha a pretensão de dominar o mundo, de saber tudo, pois você não irá conseguir.

O segredo é ter conforto consigo mesmo sobre as suas decisões, sejam elas bem sucedidas ou não.

Estude até ter um conforto e vá errando aos poucos. É melhor errar com 200 reais que com 2 mil reais.

Seja humilde em compartilhar o seu erro com os outros, não apenas seus acertos.

Não importa se rirem da sua cara, o ponto é se conseguem quebrar seus argumentos ou não. Todo mundo possui a liberdade de rir, mas nem todos conseguem construir argumentos.

Procure criar os seus próprios argumentos para defender a tese de comprar determinado FII.

E com o passar do tempo você verá se esses argumentos sobrevivem ou não. Se é necessário construir novos argumentos ou se sua tese foi por água abaixo.

É importante observar as tendências para não ser engolido por uma *disruption*. O e-commerce iria destruir os shoppings, mas os shoppings conseguiram deixar o e-commerce como parceiro.

Assim como Localiza fez com o Uber.

2.11 Como eu ganho dinheiro em FII?

Basicamente de duas maneiras: ganho de capital e dividendo, somando os dois temos o total return.

Não é um crime ganhar dinheiro apenas com ganho de capital. Apenas tenha em vista que este ganho de capital deverá ser relevante o suficiente para compensar a ausência de dividendos.

Pelo menos a ausência de dividendos no curto prazo. Esta é a minha mentalidade quando eu comprei cotas do ALMI11B.

Eu acredito que em algum momento o ALMI11B irá reduzir a vacância e conseguir ter lucro, consequentemente pagando dividendos.

Ao pagar dividendos, entrará no radar de alguns investidores (que focam prioritariamente em dividendos) e o preço da cota provavelmente aumentará.

E com isso é possível vender a cota com lucro, se tudo sair como planejado.

Entenda quem está jogando o jogo. Entenda os desejos deles.

Se a demanda por FIIs é dividendo, descubra quais podem começar a pagar dividendo ou que irão pagar um dividendo relevante no curto prazo.

Ao se antecipar ao mercado, você pode surfar a onda e ganhar bastante dinheiro. Apenas tome cuidado para não compor a onda para outros surfarem.

Olhando para o longo prazo, não foque em dividendo passado nem dos próximos 12 meses. E sim na capacidade de geração de caixa do FII nos próximos anos.

2.12 Qual o número máximo de FIIs que uma carteira deveria ter?

O suficiente que você consiga acompanhar. Às vezes eu compro um FII para me forçar a acompanhar ele e verificar se ele merece ter mais aportes. É uma postura mais agressiva, mas funciona para mim.

Há pessoas que gostam de uma carteira mais simples de 6 ativos ou 11 ativos (para ter um time de futebol), mas o importante é você dormir em paz consigo mesmo.

Por isso tenho muitos FIIs. Se algum deles virar pó, não vejo problema. Isso me dá conforto em tomar um risco maior.

Às vezes quando começamos a estudar alguns ativos parece que um determinado ativo é tão bom que gostaríamos de ter apenas ele.

Lembre-se que diversificar é melhor que apostar em uma roleta russa. O risco específico não é desprezível.

2.13 De onde o dinheiro do dividendo vem?

O dinheiro vem de algum lugar que acaba gerando dividendos a serem distribuídos ao cotista. É importante entender se o dinheiro recebido foi algo pontual ou é algo recorrente.

Um caso exemplar é o FAMB11B. Havia um *dividend yield* bom e um inquilino de boa qualidade (Caixa Econômica).

A Caixa solicitou que uma reforma fosse feita para melhorar o prédio. Houve uma assembleia e os cotistas negaram. O resultado? Caixa decidiu sair do prédio.

Às vezes as pessoas que investem em fundos imobiliários ficam embriagadas com o fluxo de dividendos que esquecem da origem do dividendo.

O administrador do fundo então conseguiu conscientizar os cotistas do fundo e está guardando dinheiro para poder fazer algumas reformas e deixar o prédio mais atrativo para um futuro inquilino.

RBRD11 possui um aluguel que é pago semestralmente. A cada semestre as pessoas se assustam positivamente com o dividendo mais alto e anualizam ele. Acreditam que isso será permanente e puxam o preço para cima.

Passa um mês, o dividendo semestral deixa de ser pago e vendem o papel.

Não faça isso. Entenda de onde vem o dinheiro. Se ele é recorrente, se ele dura por 2 anos ou por 10 anos.

Se foi apenas um pagamento atrasado de um inquilino ou se realmente os preços subiram.

É triste dizer isso, mas é bom martelar na cabeça: dinheiro não surge do nada. O quanto antes você descobrir a origem e a recorrência do dinheiro que você ganha, melhor para você.

Por isso que sou contra a prática de alguns FIIs que se esforçam para aplicar uma distribuição normalizada (MFII11, BRCR11, etc), pois alguns meses depois a realidade chega e acaba "desencantando" o investidor que foca em renda.

O investidor incauto fica incomodado e acaba vendendo suas cotas, o que pode machucar o preço do FII na bolsa (e te trazer oportunidades).

2.14 Preço importa ou não?

2 respostas bastante objetivas.

Resposta não técnica: se você acha que preço não importa, comece a colocar 2 zeros para cada despesa que você tem: ao invés de pagar 30 reais no almoço, pague 3 mil reais e dê a diferença como gorjeta para o garçom.

Continue fazendo isso por uns meses e você irá concluir que preço é importante sim.

Caso você ainda não se convenceu, estude o caso das empresas Nifty Fifty na década de 60-70 nos Estados Unidos. As empresas eram consideradas ótimas, blue chips e eram "no brainer".

A grande demanda por estas ações acabou se refletindo em um múltiplo P/E bastante alto com expectativas irrealistas e acabaram não gerando um retorno satisfatório para o investidor. RADL e UGPA são exemplos no caso brasileiro.

São empresas ótimas, mas infelizmente chegaram a um valuation esticado. Muitas pessoas me encheram a paciência quando coloquei premissas mais conservadoras para UGPA em 2015 (não crescer faturamento 10% para sempre).

Por incrível que pareça, as pessoas entendiam que crescimento de 10% era o mínimo que a UGPA deveria reportar.

Felizmente (ou infelizmente) a companhia começou a reportar um crescimento menor nos anos seguintes e o preço do papel afundou.

Quando você tem argumentos consistentes para defender sua tese, você dorme tranquilo. Nunca se esqueça disso.

2.15 Vale a pena comprar FII acima do valor patrimonial?

Quando você aplica o seu dinheiro em fundos de ação ou multimercado, você sempre entra a valor patrimonial.

Mas como FII e ações são negociados diariamente na bolsa de valores, eles podem estar negociando em um determinado momento com desconto ou prêmio do valor patrimonial.

A pergunta a ser feita é como o valor patrimonial é composto. Se é via laudo, valor de mercado, comparação com peers. E entender como essa dinâmica pode ser alterada: novos laudos, valorização da região, etc.

Logo, sabendo as premissas do laudo, você passa a criar o seu valor patrimonial para determinado FII. Inclusive pode ser o mesmo valor reportado pela companhia.

Então, tendo o seu próprio valor patrimonial propriamente definido, tente comprar abaixo dele.

Em FII de imóveis, novos laudos podem alterar o valor do imóvel ao longo do tempo e o patrimônio crescer.

Se você comprou acima do patrimônio no ano 1, o seu preço de compra pode ficar abaixo do patrimônio no ano 2.

No caso de CRIs é um pouco mais complicado. CRIs normalmente não possuem liquidez diária, o que deixa a marcação a mercado prejudicada.

Tendo isso em vista, é importante entender como o administrador precifica o preço do CRI. Cada administrador tem que informar a sua política de marcação a mercado. Se você não achar, entre em contato com o gestor ou com o administrador.

A maneira mais comum é observar a taxa que o ativo do tesouro direto com duration próxima do CRI emitido está sendo negociado no dia que o CRI é emitido.

Depois o administrador costuma travar a diferença entre a taxa do tesouro direto e a taxa do CRI para sempre. Se a taxa do tesouro direto sobe, a taxa final do CRI sobe. Se a taxa cai, a taxa do CRI cai também.

Logo, se houver uma queda relevante dos juros longos a marcação a mercado pode demorar um pouco a precificar isso e pode sim fazer sentido comprar acima do valor patrimonial.

Outro ponto seria o risco de a empresa ser modificado (melhorar ou piorar) e o administrador não ter ajustado isso ainda.

2.16 Quando vender FII?

Eu costumo trabalhar com duas opções: quando a tese de investimento é alterada (por fatores externos ou internos) ou quando o FII atingiu o seu preço alvo.

Um exemplo de fator externo que destrói a tese de investimento é a recessão. Ninguém esperava que as lajes comerciais do Rio de Janeiro apresentassem vacância de 50%.

E entramos na discussão do custo de oportunidade. Não é que você vai perder dinheiro deixando suas cotas no FII do Rio de Janeiro, mas é que a melhora irá demorar tanto que é melhor sair do ativo, investir em outro e depois (se fizer sentido no futuro) investir novamente no Rio.

PRSV e EDGA são bons exemplos disso. Acreditava que o pior já tinha passado e não fui muito feliz no investimento.

Reduzi minha exposição a eles, mas ainda quis deixar um pé no Rio de Janeiro.

Inclusive parei de comprar eles e foquei no ALMI, que é o mais barato e com vacância maior.

Um fator interno é confiar no prospecto e o gestor fazer de forma diferente. Então qual é a utilidade do prospecto e do estudo de viabilidade?

Se há um novo management e você não tem ideia do que ele está fazendo, saia do fundo. Afinal as regras do jogo foram alteradas.

Por motivos óbvios, FIIs são mais arriscados que títulos do tesouro direto.

Logo, para alguém aceitar tomar mais risco, um retorno maior deveria ser perseguido.

Historicamente, FIIs possuem uma rentabilidade de 200 – 300 bps acima da NTNB de 5 anos. Caso um dia a rentabilidade esperada do FII seja menor que o tesouro direto, venda seus FIIs e vá para o tesouro direto. Aguarde o mercado ajustar a relação risco x retorno.

Outro ponto bastante importante é desenhar o pior cenário e escrever qual seria a sua atitude caso ele ocorresse.

Aí quando esse cenário surgir, as decisões tomam uma direção mais racional.

2.17 Como montar uma carteira de FIIs

Passo a passo:

1. Defina uma estratégia
2. Estipule um retorno alvo
3. Escolha em quais FIIs alocar
4. Saiba contar a história do FII que você está alocando
5. Compare FIIs do mesmo tipo
6. Aloque recursos
7. Reinvestimento e revisão da carteira

Procure sempre gerar fluxos independentes de geração de renda: invista em shoppings, imóveis comerciais, CRIs, etc.

O importante da diversificação é poder ganhar dinheiro em vários cenários.

Às vezes a gente estuda um determinado FII e não entende o motivo de ele estar tão barato. E quer comprar apenas ele.

O problema é que se surgir algo diferente do esperado (o que é bastante comum), ter uma grande exposição a um ativo não é algo bom.

Eu procuro não ter uma exposição maior que 5% nos casos de FIIs. Assim, cada ativo é tão pequeno em relação ao todo que eu não fico com medo da questão da vacância. Ou de um calote em determinado CRI.

O ponto inicial para montar uma carteira é ter uma estratégia. A sua estratégia é de renda, de ganho de capital ou ambos?

A minha estratégia pessoal é primordialmente de renda, mas procuro alguns ativos que não sejam muito representativos na minha carteira para dar uma apimentada nela.

Como RBDS, RBBV e ALMI. Eles não possuem a característica de dividendo, mas a minha expectativa de ganho de capital neles supera o quanto deixo de ganhar com dividendos.

A sua estratégia pode mudar ao longo do tempo, não há problema algum nisso. Você não pode esquecer de ter consciência e conforto nas decisões que você está tomando.

Definida a estratégia, você precisa definir o seu retorno alvo: ganhar 100 reais por mês, ter 30% de *total return* ao longo de um ano, etc.

Eu prefiro focar em determinado retorno mensal/anual pois é algo mais palpável para mim.

Conseguir pagar a conta de luz com FIIs é melhor do que outperformar a bolsa/IFIX.

Depois é hora de focar em quais FIIs você vai alocar o seu dinheiro.

Obtenha sugestões de FIIs

No começo eu entrava no site do fiis.com.br e fazia uns filtros para ver quais fundos tinham P/B muito baixo e tentava entender o motivo.

Agora, com maior transparência dos gestores e com maior número de players, leio relatório dos FoFs para ver o que eles estão comprando e o que estão vendendo e se isso faz sentido para eu comprar.

O terceiro ponto é ler relatório de casas de análise e ver se os ativos que eles recomendam estão alinhados com a sua estratégia.

Existem blogs que discutem sobre quase todos ativos e são uma outra alternativa para ter sugestões de quais ativos investir.

No final do livro eu coloco todos os FIIs que possuo na minha carteira no momento da publicação e pode ser uma sugestão para você investir.

Depois de obter uns tickers, aprenda sobre eles nos sites da Bovespa e no www.fiis.com.br

Aprenda a ponto de saber contar a história do FII para outra pessoa.

O número de imóveis, as últimas transações, a inadimplência, a diversificação da carteira, etc.

Você pode apenas escrever em um papel e guardar para você mesmo. Mas o hábito de falar a história para outra pessoa força com que ela tenha uma linha de narrativa e você acaba percebendo algum deslize que você deixou passar.

Sabendo a história, compare FIIs de mesmo tipo. Qual o preço implícito do metro quadrado do imóvel versus peers listados e imóveis não listados.

Normalmente a qualidade do imóvel e a localização influenciam na precificação do ativo.

Se não há justificativa plausível para a diferença de preços entre FIIs, aloque no mais barato.

Estabeleça então preços de entrada e margem de segurança.

Estabeleça um peso máximo para qualquer ativo. Se você tem tempo e interesse em fazer um acompanhamento diário, pode ter um peso acima de 5%. Se você não quer ter dor de cabeça, foque na maior diversificação possível.

Sim, é verdade, todos possuem o mesmo risco de ativo (pois todos são FIIs). Mas não estou te exigindo para ter 100% da sua carteira em FIIs, apenas a parte que você se sente confortável em alocar em mercado imobiliário.

2.18 Reserva de emergência é necessária?

Sempre fui contrário a construção de uma reserva de emergência, pois ela acaba atrasando um pouco a vida.

Se você guarda 10% do seu salário todo mês, em 60 meses você atinge 6 meses de reserva de emergência (supondo salário constante) que é o número mágico que todo mundo recomenda a fazer.

Você perdeu 5 anos da sua vida para aprender a poupar, não a investir.

Essa proposta de reserva de emergência é lúdica. Aprenda a gastar menos do que ganha, reduza gastos não previstos e aos poucos você sabe o seu conforto e sua real necessidade de ter reserva de emergência. Eu decidi não ter.

2.19 Fundo passivo x fundo ativo

Fazendo um resumo rápido, na gestão ativa o gestor tem maior liberdade.

E por ter maior liberdade ele é "obrigado" a pensar, cobrando então um preço mais alto caso ele não tivesse que pensar.

Em termos gerais, o fundo ativo tem 100 bps a mais de custo se compararmos com um fundo passivo.

Um fundo passivo cobra em média 0.5% de administração e gestão, enquanto um fundo ativo cobra 1.5% de administração e gestão.

O gestor do fundo ativo analisa o mercado constantemente e se esforça em escolher as melhores decisões disponíveis.

Normalmente há um benchmark para avaliar a competência do gestor ativo ao longo do tempo e ele costuma ser premiado se superar o benchmark.

Antes da crise de 2015, fundos passivos que davam menor liberdade ao gestor eram a grande maioria da indústria de FIIs.

Mas cotistas perceberam que muitos FIIs ficaram largados e gestores queriam apenas ganhar a remuneração mensal.

Algumas outras gestoras passaram a desenvolver uma postura mais ativa em FIIs passivos (mudando o regulamento).

E também vimos gestoras criar novos fundos ativos, para ter a liberdade de girar a carteira e evitar ficar se lamentando quando a crise chega.

Entenda a liberdade do gestor e o que ele já fez com essa liberdade. Não adianta nada o cotista pagar a mais para ter o gestor com uma proposta ativa, sendo que no final do dia ele não faz o que se propôs a fazer.

Olhe a qualidade do negócio e as pessoas que estão à frente dele. Se a gestora tem um histórico positivo de gestão ativa em outros fundos, é plausível acreditar que ela se esforçará de modo a compensar a taxa de gestão.

2.20 Pontos positivos e negativos de FII

Positivos

Menor burocracia

FIIs contam com especialistas para solucionar as questões do dia a dia do fundo, como negociar com inquilinos, cobrar caloteiros, comprar e vender imóveis, etc.

Sim, eles não trabalham de graça. Entenda quais responsabilidades eles assumiram e tente ter uma opinião (comparando com outros FIIs) se esse custo faz sentido ou não.

Se você comparar a rentabilidade de um FII e o aluguel de um imóvel na pessoa física, vai vender tudo e alocar em FIIs.

Ajustando pela dor de cabeça então, investir em imóveis se torna algo impensável.

Depois que você comparar a dor de cabeça para alugar uma casa na pessoa física e a delegar a outra pessoa fazer todo esse trabalho, vai se questionar qual o motivo de que não há FIIs residenciais.

Isenção fiscal

Até o momento, rendimentos distribuídos pelos FIIs são isentos de imposto de renda às pessoas físicas.

Para ter essa isenção o FII precisa ter no mínimo 50 cotistas e quem for beneficiado não pode ter mais de 10% do FII.

Em termos práticos, na minha opinião, essas condições foram feitas para direcionar a isenção tributária para o mercado como um todo e não para favorecer um único CPF.

Não há come cotas em FIIs

Quem é investidor de fundos de renda fixa sabe que há o evento de come cotas a cada semestre (último dia útil de maio e novembro).

Há a antecipação do imposto de renda através de redução de cotas.

Mas não há come cotas para FIIs pois eles são isentos.

Investir com pouco dinheiro

Você precisa juntar centenas de milhares de reais para poder comprar uma casa, enquanto em FIIs é possível ter exposição a bons imóveis e CRIs apenas disponíveis para investidores qualificados por menos de 150 reais.

Diversificação

Um único FII, por si só, já pode ter vários ativos e te propiciar automaticamente uma diversificação.

Além disso, como o capital inicial é baixo, é possível investir em vários FIIs e aumentar ainda mais a diversificação.

Meu grande medo de FIIs em 2015 era a questão da vacância. Superei esse medo ao comprar vários FIIs.

Não ligo mais se sai uma notícia de alguém desocupando uma laje. A minha diversificação é tão grande que qualquer inquilino é irrelevante para mim.

Maior liquidez
É algo bastante simples de explicar.

Quando você tem apenas um imóvel e precisa de um dinheiro para liquidez, é praticamente impossível de vender apenas 10% do seu imóvel.

No caso dos FIIs é justamente o contrário: você pode vender uma cota, dez cotas, duzentas cotas. Inclusive de FIIs diferentes.

Em janeiro de 2019 o volume médio diário negociado apenas em FIIs foi de 67 milhões de reais, maior que muitas ações na bolsa brasileira.

Esse número robusto traz cada vez mais conforto para outros investidores a entrarem no mercado de FIIs.

Pontos negativos
Você delega o seu dinheiro a outra pessoa. Não vou negar que isso é chato, mas diria que é um aprendizado.

Ao delegar você acaba conseguindo atingir objetivos que não conseguiria sozinho. Mas tenha exposição financeira a determinado FII que consiga ser zerada em no máximo 1 semana, supondo participando de 5% do ADTV para não machucar mercado.

Leia o regulamento no detalhe e tenha uma noção de quem são os outros cotistas.

Isso não é fácil, mas é possível. Vá a uma assembleia e veja quem participa, por exemplo.

Pois os outros cotistas podem mudar o regulamento e consequentemente as regras do jogo.

Como vimos em movimentos capitaneados pela Rio Bravo (AGCX, por exemplo), a mudança no regulamento não é necessariamente ruim.

Besteiras que te falam sobre FII

FIIs não pagam ITBI.
Em todo evento de transferência de titularidade de imóvel há a cobrança de ITBI.

Ocorre que ao você comprar e vender cotas de FIIs, essas cotas são um instrumento financeiro e não o imóvel em si.

Se o FII não vender imóveis, o cotista do FII nunca irá pagar ITBI.

Quem paga ITBI é o dono do imóvel (FII) quando a venda efetivamente ocorre, o cotista do FII apenas paga indiretamente.

FIIs não pagam corretagem imobiliária.
Muita gente fala que como gestores são profissionais do mercado eles não necessitam de auxílio de corretores para vender ou alugar imóveis.

Infelizmente não foi o que vimos durante a crise de 2015 no Brasil.

Muitos FIIs contrataram empresas para ajudar a vender imóveis ou alugar alguns andares.

Logo, não invente a roda. Não exagere as qualidades do ativo (que já são muitas)

2.21 Declaração de Imposto de Renda

Todo mundo que possui FIIs deve declarar imposto de renda, não tem escapatória.

São basicamente três pontos a serem declarados para cada FII: (i) valor investido; (ii) dividendos recebidos e (iii) dividendos a receber.

Consolidando todos os FIIs, é necessário calcular imposto a ser pago e comparar com o que já foi pago pela DARF ao longo do ano anterior.

Se você não lembra quais operações você fez, entre no site da bolsa: https://cei.b3.com.br

Valor investido

FIIs se enquadram no número 73 da declaração de bens e direitos.

No número 73 é necessário declarar o CNPJ do FII, fazer uma breve descrição (número de cotas e nome do FII) e inserir a situação.

A situação é valor investido por você. É o resultado do número de cotas multiplicado pelo preço médio de aquisição.

Caso não tenha comprado ou vendido cotas no ano referente à declaração, repita o valor informado no ano anterior.

Se você vendeu cotas, a situação é o número de cotas vezes o valor original de custo.

Se houve alguma amortização de cotas, a reduza do valor de custo.

Se você comprou mais cotas, atualize o preço médio e o número de cotas (terá uma nova situação).

Dividendos recebidos

Vá em "rendimentos isentos e não tributáveis" e use o código 26 (outros) para declarar os dividendos recebidos em FIIs.

Some todos os dividendos recebidos ao longo do ano exercício e declare um valor específico para cada fundo.

Às vezes a fonte pagadora é o FII e às vezes é a própria administradora. Sempre repita o dado que te informaram para não haver confusão com a Receita Federal.

Mesmo que a fonte pagadora seja uma administradora para vários fundos, eu prefiro fazer uma declaração para cada FII para ter o controle de que declarei para cada FII.

Dividendos a receber

É bastante comum o FII declarar o dividendo em um ano e pagar em outro.

Mas como você ainda não recebeu o dividendo, ele é considerado um direito. E se enquadra no código 99 (rendimento de FII a receber) na declaração de bens e direitos.

Imposto a ser pago

A cada mês você deveria pagar imposto de renda sobre a venda de cotas de FII. Existe a tolerância de pagar o imposto (via DARF) até o final do mês seguinte.

Caso você não pagou, vai acabar pagando adicionalmente multa e juros.

O site abaixo explica de maneira detalhada a parte da multa e juros.

https://abacusliquid.com/darf-atrasado/

Se você já pagou o imposto a cada mês de lucro, não há problema. A declaração de imposto de renda apenas será uma checagem de você pagou tudo o que deveria ter pago.

É importante lembrar que se o imposto a ser pago está relacionado ao preço de aquisição e ao preço de venda.

O dividendo não reduz o custo de aquisição para a tributação de imposto de renda. Se você comprou um FII por 100 reais a cota, recebeu 5 reais de dividendo e vendeu por 110, o imposto a ser pago é 20% x (110 – 100) = 2 reais por cota.

Prejuízos passados podem compensar lucros futuros, mas o contrário não é verdadeiro. Logo, antes de vender com lucro, verifique se está tendo prejuízo com outro FII.

Então venda primeiro o FII com prejuízo e depois venda o FII com lucro. Com isso você reduz o imposto a ser pago.

Você pode inclusive comprar novamente o FII que você acabou de vender com prejuízo. Você está montando uma nova posição a um custo mais baixo. Isso é uma simples postergação de imposto.

Capítulo 3 TIPOS DE FII

O grande mérito (e problema) do mercado financeiro é que ele é muito criativo.

É uma tarefa bastante difícil classificar FIIs.

Por simplificação costumo quebrar entre shoppings, imóvel, FII de CRI, FoF e desenvolvimento.

3.1 Shoppings

Todo mundo fala que a razão per capita de shoppings no Brasil contra outros países mostra um grande potencial para o Brasil. Mas isso não é necessariamente uma verdade.

Se migrarmos para regiões metropolitanas de São Paulo e Rio de Janeiro, por exemplo, vemos que não há esse grande potencial. Cabe então ao gestor fugir de localizações óbvias para conseguir capturar esse potencial.

Indo um pouco além, a proporção de carros no Brasil também era muito baixa em relação a outros países. E surgiram aplicativos como o Uber.

Moral da história: não fique preso ao passado e do "grande potencial" de determinada indústria.

Voltando aos shoppings: basicamente ganham dinheiro via aluguel das lojas atuais e mais recentemente descobriram que poderiam cobrar estacionamento dos visitantes.

Foi tão bom e tão rápido faturar via estacionamento que esta receita já representa em torno de 20-25% do faturamento total de alguns shoppings.

Como o mundo é dinâmico, temos novos meios de transporte (bicicleta, patinete, Uber, etc.), o que pode machucar um pouco o faturamento futuro de estacionamento.

A crise machucou os lojistas dos shoppings, o que forçou os shoppings a darem descontos para não terem uma vacância alta. É algo bastante engraçado: pega muito mal um shopping ter 20% de vacância, enquanto para um imóvel comercial é ok.

Devemos então vigiar a política de descontos e o esforço de retirada deles por parte dos shoppings.

Algo que ajudaria bastante seria descobrir o tamanho da "fila" para virar lojista do shopping: se há muitos inquilinos em potencial, é muito fácil e rápido mandar embora quem pede desconto ou é inadimplente.

Mas se não há uma fila relevante, o poder de barganha dos lojistas aumenta bastante. E a facilidade de o shopping repassar preço no aluguel diminui bastante

BRMalls já comunicou que possui interesse em desinvestir de alguns ativos. Já que temos ativos alvo para a compra por parte dos FIIs, a pergunta é a qual preço será feita a transação.

Acompanhe a evolução das vendas e compare com anos anteriores. O varejo possui uma forte sazonalidade na época do Natal e está sendo criada outra sazonalidade com a Black Friday.

Se o gestor não explicar o motivo de uma queda repentina, questione ele.

E-commerce, somado ao declínio dos shoppings nos EUA, traz uma interrogação sobre a utilidade dos shoppings no médio prazo.

Seguindo o belíssimo exemplo da Localiza, devemos abraçar o nosso concorrente (Uber) antes de ele acabar com a gente.

Muitos shoppings estão se esforçando para se integrar com o e-commerce e demonstrar que o shopping é bem localizado.

Não podemos dizer com certeza qual será o futuro da indústria, mas a dedicação e o esforço de sempre se reinventar trazem conforto ao investidor.

Ao contrário dos shoppings dos EUA, os brasileiros são muito expostos a restaurantes e entretenimento. Isso mostra um perfil de consumidor diferente e possivelmente um futuro diferente para o setor de shoppings no Brasil.

Leia a transcrição do conference call (ou ouça) das empresas de shopping listadas e entenda a visão dos gestores da empresa e as dúvidas dos analistas. As empresas listadas são: BRML3, IGTA3, MULT3, GSHP3, ALSC3 e SSBR3.

Destas, destaco a MULT3 por ter o Peres como dono. Ele é bastante transparente e sincero na sua visão sobre a indústria. Não possui papas na língua.

Como atribuir um valor justo a FII de shopping?

Uma maneira completa seria calcular um DCF.

Outra alternativa mais rápida seria fazer um P/FFO alvo. Obtenha a NTN-B longa atual (vamos supor 5%), adicione 200 bps de prêmio de risco e calcule um FFO yield (5% + 2% = 7%).

Inverta o FFO yield e obtenha o P/FFO = 1/7% = 14.3x. Faça uma estimativa para o FFO do FII e, com isso, obtenha um valor justo para o valor de mercado do FII.

Caso o valor seja muito discrepante do atual, reveja suas premissas (prêmio de risco, FFO, NTN-B) e confirme de que você não fez besteira. Caso contrário, arbitre esta oportunidade.

Engraçado é que existe um desespero sobre calcular P/B de FIIs, mas não vemos isso em empresas de shoppings listadas na bolsa.

3.2 Imóveis

Existe o conceito comum de procurar um ativo bem localizado com inquilinos de boa qualidade de crédito para ter uma vida tranquila, mas nem sempre isso é verdade.

O Itaú é um bom exemplo de que isso não é necessariamente uma verdade, como visto no fundo CTXT.

90% da exposição do fundo é de uma instituição bastante saudável (Itaú), mas quando veio a revisional o Itaú se sobressaiu e teve redução do aluguel.

O mais importante é descobrir quem tem o poder de barganha na relação inquilino – proprietário para tentar entender como a dinâmica de preços irá se comportar no futuro.

O Credit Suisse sempre divulga relatórios anuais comentando o setor. Inclusive é possível acessar relatórios de anos anteriores e ver a mudança na expectativa deles (junto com a Buildings) ao longo do tempo.

http://bit.ly/apresentacaoCS

Ouça/leia conference calls das empresas SCAR3, BRPR3 e CCPR3. Qual o nível de vacância delas contra os FIIs e qual estratégia está sendo mais bem sucedida: dos FIIs ou das empresas listadas.

Para demonstrar a interação entre essas empresas e os FIIs, JSRE11 comprou um prédio do BRPR3 em janeiro de 2019.

É importante entender o racional do comprador e o racional do vendedor para concluir em qual ponta você se sente mais confortável de se posicionar.

Não era costume, mas cada vez mais há uma melhoria de governança e um esforço maior de transparência nos fundos imobiliários.

Acredito que gestores e administradores aprenderam que para ter uma sólida base de cotistas é necessário ser mais amigável com eles.

Como avaliar fundos de imóveis?

Comparar preço implícito do metro quadrado do FII com outros ativos na mesma região.

Em períodos de estresse, é possível comparar com valor de reposição.

Outra opção (mais recomendada para BTS) é calcular o fluxo de caixa potencial do imóvel e trazer a valor presente.

O FII deveria disponibilizar anualmente um laudo de cada imóvel e demonstrar a metodologia que o fez chegar naquele valor. Inclusive é uma boa oportunidade de aprendizado e acrescentar outras técnicas de como chegar a um valor justo do imóvel.

Eu tenho pé atrás com logística pois a barreira de entrada é muito menor que imóveis comerciais.

Pensa comigo: se alguém cria um novo galpão a 10 km de distância do seu galpão atual e oferece 30% de desconto para você ir para lá, qual a primeira atitude a ser tomada?

Olhar quanto tempo falta para o contrato de aluguel acabar (ou quando é a próxima revisional).

O segundo ponto é o valor da multa a ser pago se quebrar o contrato de aluguel agora.

Você apenas vai precisar avisar aos caminhões que se desloquem 10 quilômetros a mais em uma determinada direção.

E no caso do imóvel comercial? É plausível uma empresa mudar sua sede os mesmos 10 quilômetros de distância?

Sim, é plausível, mas os custos envolvidos são muito mais altos e em algumas situações podem não fazer sentido.

Por isso tenho preferência por imóveis comerciais, sem contar a facilidade de substituição de inquilinos se compararmos com imóveis logísticos ou industriais.

Para investir em imóveis logísticos, foque em contratos atípicos de longo prazo (GGRC/ALZR) ou ativos bem descontados (TRXL).

Eu possuo vários FIIs logísticos, mas tenho uma maior exposição a FIIs de imóveis corporativos.

3.3 CRIs

CRI é um ativo de crédito que tem como garantia um lastro imobiliário.

A sigla significa Certificado de Recebíveis Imobiliários.

Como normalmente as empresas possuem algum ativo imobiliário, elas estão habilitadas a emitir dívida com lastro imobiliário, como um CRI.

E isso é algo bom para ela. A empresa desmobiliza ativos, fica mais leve e com dinheiro no bolso.

FIIs de CRIs possuem vários pontos positivos, como: (1) diversificação de riscos; (2) oportunidade de participar em ofertas restritas; (3) oportunidade de ganho no secundário; (4) liquidez de FIIs; (5) avaliação dos riscos envolvidos

Diversificação de riscos
Ao invés de comprar um único CRI e ficar torcendo para que ele não dê calote, você pode comprar vários CRIs através de um FII de CRI e reduzir a sua dor de cabeça ao ir dormir.

Oportunidades de participar em ofertas restritas
Quem já leu o prospecto de emissões 400 (destinadas ao público geral) fica assustado com o valor das taxas envolvidas na oferta.

Houve a criação das ofertas 476 para acelerar o processo e reduzir os custos envolvidos na oferta.

Mas em contrapartida há um número máximo de investidores que podem participar da oferta 476, o que costuma restringir investidores menores de entrarem nesse tipo de oferta, dando liberdade a apenas alguns players do mercado financeiro como FIIs de CRIs.

Oportunidade de ganho no secundário

É importante frisar que eu entendo que todo CRI adquirido deveria ser mantido até o vencimento da carteira.

É óbvio que dependendo do humor do mercado, o sentimento de risco pode aumentar (gerando oportunidades de compra) ou reduzir (gerando oportunidades de venda).

E ter essa liberdade de participar no mercado secundário descrita no regulamento eu acho bastante construtivo para não engessar a liberdade do gestor.

Mas ter como visão primordial a negociação no secundário, ainda mais que no mercado secundário de CRIs há baixa liquidez, eu acho errado.

É mais como uma oportunidade adicional de geração de valor ao cotista do FII.

Liquidez de FIIs

O relatório de fundos imobiliários da bolsa de janeiro de 2019 reportou que o volume médio diário negociado em

FIIs foi de 67 milhões de reais, muito acima de algumas ações listadas na bolsa.

Inclusive acima de vários CRIs, já que muitos nem são negociados no mercado secundário após a sua emissão.

Algumas corretoras e bancos, com o propósito de "ajudar" seus clientes, se dispõem a comprar os CRIs dos clientes mediante a uma taxa. Infelizmente não falam que essa taxa costuma ser salgada.

Avaliação dos riscos

Enquanto muitas pessoas não possuem tempo hábil para entender o mecanismo de um CRI, os FIIs de CRI possuem um time especializado neste assunto e são pagos para isso.

Logo, eles podem analisar de maneira mais aprofundada o risco do CRI. Pois a questão do CRI em si não é o retorno, mas sim o risco associado a ele.

A parte de riscos em um CRI é bastante complicada que merece um aprofundamento na discussão.

São 5 características de qualquer operação de crédito que merecem o acompanhamento.

Os 5 Cs do crédito

Os 5 Cs do crédito são: colateral, capacidade de pagamento, caráter, capital e condições.

Colateral

Colateral não é nada mais que a garantia que o credor do CRI acessa quando o devedor não consegue pagar alguma parte da dívida.

Claro que em algumas vezes é melhor levar algo para casa do que não levar nada, mas não deveria ser uma meta do credor acessar o colateral pois a dívida não foi estruturada para isso.

O colateral deve ser bom o suficiente para o credor não ter interesse em deixar a posse nas mãos do credor, mas o mesmo tempo deve ser "ruim" o suficiente para não ser a meta do credor ao estruturar o CRI querer tomar o colateral.

Se quisesse acessar a garantia, que estruture a operação de outra maneira. Garantia só em último caso, sendo desconfortável para ambos os lados.

Lembre-se também que uma dívida sem garantia é obviamente mais cara que uma dívida com garantias e os contratos deveriam ser cumpridos antes de se acessar as garantias, elas são apenas um colchão de conforto ao credor.

Um colchão de conforto que pode ser resumido em quanto de desconto posso oferecer para vender a garantia e ainda sim conseguir recuperar o investimento feito no CRI.

Caráter

Foca na parte da reputação e no histórico de crédito do devedor. Se ele é um devedor costumaz ou se paga em dia.

Normalmente se a empresa não atinge um score próprio do banco ou possui determinado rating, a operação não vinga.

Descubra também se gestora do FII de CRI possui um rating próprio ou utiliza rating de alguma agência de renome.

Como é a governança corporativa da companhia e como isso impacta na operação dela?

Capacidade

Existe uma piada pronta no setor que banco gosta de dar crédito para que não precisa e não gosta de dar crédito para quem precisa.

Isso é relacionado à capacidade de pagamento da empresa tomadora de dívida. É necessário saber o uso do dinheiro que estão tomando e de onde virá o pagamento dos juros da dívida.

Se a empresa está faturando 10 milhões por mês com esse novo projeto e precisa pagar 15 milhões por mês, a conta não fecha. A garantia precisará ser acessada.

Entenda também a frequência dos recebimentos do fluxo da operação e a frequência dos pagamentos ao credor do CRI (mensal, trimestral, anual, etc.).

Se há um descasamento, qual será a atitude do devedor para mitigar isso?

Capital

A operação é feita exclusivamente com dívida ou há aporte do cara que está tomando dívida também?

Se a operação falhar, ele vai ficar prejudicado também? Ele possui *skin in the game*?

Uma alternativa possível seria depositar uma porcentagem da dívida em uma determinada conta que pode ser acessada pelo credor em caso de calote ajuda bastante na viabilização da dívida.

Condições

Condições são basicamente as especificações do empréstimo: taxa de juros, valor total, autorização de alocar em determinado ativo, etc.

O crédito imobiliário de uma pessoa física, por exemplo, apenas pode ser utilizado para comprar uma casa. O banco não irá deixar você comprar um carro com esse dinheiro.

FEXC11 em um momento tinha 10% do patrimônio exposto à PDG e todo mundo tinha medo do risco PDG.

Fiz a conta e supus que a parte da PDG nunca ia ser recuperada e comprei o fundo, enquanto muitos se recusavam a ver ativos com PDG na carteira.

Quando PDG saiu da carteira do FEXC11, ele virou o queridinho da galera. E acabei ganhando dinheiro.

Tento sempre ser contrário. Quando todo mundo está vendendo, quero comprar. Quando todo mundo está comprando, quero vender.

Às vezes o segredo é desenhar o pior cenário e entender qual atitude seria tomada caso esse cenário ocorresse. O mercado possui umas irracionalidades que são difíceis de explicar.

EzTec na crise de 2008 era negociada a um valor abaixo do seu caixa. Em termos práticos a companhia tinha um valor negativo.

Sim, o mercado já foi irracional. Sim, o mercado terá outros momentos de irracionalidade.

Mas não seja o idiota a se posicionar na frente de um ônibus sem freio na descida de uma ladeira.

Deixe a irracionalidade passar e se posicione nos papéis. Não vale a pena defender com unhas e dentes o preço de nenhum ativo.

Estou no negócio de ganhar dinheiro, não de evitar que determinado FII comercial negocie a 2 mil reais o metro quadrado.

Você sempre precisa dar liquidez aos outros (cobrando um fee por isso), não os outros te darem liquidez. Por isso que a pescaria funciona.

3.4 FoF

Eu tenho vários FoFs e o que mais gosto neste ativo é que o gestor é "obrigado" a ser transparente comigo. Afinal estou pagando uma taxa adicional e poderia acessar boa parte dos ativos que ele acessa.

O FoF deveria alocar uma parte do seu patrimônio em emissões 476, não ficar desesperado em gerar ganho de capital no curto prazo e que consiga gerar ganhos superiores ao IFIX, depois de taxas.

Eu vejo FoF como um fundo de ações: o gestor deveria bater o benchmark e ter um bom motivo para se justificar quando não bater.

O gestor do MGFF11, por exemplo, conseguiu identificar e ganhar dinheiro com o FPAB11 antes de mim. Quando olhei para o FPAB11, o preço não fazia mais sentido para mim.

Outros episódios são da Hedge Investments: comprou cotas de ABCP11 em outubro de 2017 e HMOC11 em julho de 2018, quando grandes cotistas necessitavam liquidez.

Somando o meu esforço à competência dos gestores, acredito encontrar uma carteira mais eficiente ao longo do tempo.

Há duas maneiras de o FoF gerar dinheiro ao cotista: ganho de capital e dividendos. Se o ganho de capital possui uma certa relevância no dinheiro distribuído aos cotistas, é importante ler os relatórios gerenciais com detalhe.

Para ver se o gestor está desesperado em gerar dividendo no curto prazo ao cotista ou se ele está consciente de que o ganho de capital foi pontual e não será algo recorrente no futuro.

Verifique também a proatividade do gestor: se ele não mexe na carteira há mais de um ano, faz sentido pagar a taxa de administração do FoF? Eu acho que não.

3.5 Desenvolvimento

Esse é um dos produtos mais arriscados em FIIs pois o cotista está comprando um sonho. Um dia, no futuro, no lugar do terreno haverá um prédio ou várias casas. Se tudo correr bem.

Tente descobrir se o gestor já possui experiência naquela região do empreendimento e se outras empresas listadas na bolsa possuem alguma exposição nesta região.

Não é um crime desenvolver projetos em uma região que ninguém está desenvolvendo, apenas acho questionável dizer que determinado incorporador sabe de tudo e os outros não.

Às vezes há um foco muito grande em margens e retornos maravilhosos em determinados projetos, mas pouco se fala sobre um plano B. O que acontece com o dinheiro do cotista se o projeto for mal sucedido?

No caso do RBDS11 o projeto foi bem sucedido, enquanto as vendas demoraram um pouco mais que o esperado. Muitos investidores desistiram e eu acabei entrando no fundo.

Pelo final de 2017 o fundo esperava distribuir 538 reais por cota, enquanto estava sendo negociado por 390 reais. Com 38% de upside eu aguento sem problema esperar uns anos para receber o dinheiro. RBDS11 acabou pagando umas amortizações gordas, ficou acima do valor a ser distribuído e acabei vendendo minha posição.

Nem tudo são flores. Em 2013 eu achei um fundo que tinha distribuído uma grande quantidade de dinheiro e achei que a amortização seria recorrente. O prejuízo foi relevante o suficiente para aprender a não perpetuar a última distribuição.

Tente sempre surfar a onda, não compor a onda para outros surfarem. É muito reconfortante ver sua estratégia dar certo, enquanto todos estão desesperados para comprar o ativo que você já tem. E no caso de FIIs, só pode vender quem já tem o ativo. Logo, se ninguém quiser vender, o preço não tem teto.

Moral da história: tenha uma estratégia e siga ela.

No meu entendimento a exigência de distribuir pelo menos 95% do lucro caixa no semestre atrapalha um pouco a dinâmica do fundo de desenvolvimento, pois em um determinado momento existe uma grande necessidade de desembolso e o fundo pode não ter dinheiro disponível.

A regulação dos FIIs é perfeita para fundos de imóveis e fundos de CRI, mas precisa ser melhorada para fundos de desenvolvimento.

Capítulo 4 PERGUNTAS

Não seja chato ao ponto de perguntar ao gestor o motivo de a cota cair. Isso é o mercado que decide. Foque na estratégia do fundo e se ela está sendo executada conforme o esperado, enquanto tenha consciência de que o valor da cota é determinado pelo mercado.

Caso a estratégia não seja clara ou o gestor passou a alocar dinheiro em ativos diferentes do informado no prospecto, não hesite em questionar o administrador.

E se o administrador é benevolente com o gestor (e não com o cotista), reveja se vale a pena o investimento neste FII.

As perguntas abaixo são um direcionamento para você conseguir entender melhor os fundos a serem investidos.

Nunca se esqueça que o dinheiro é seu e você é quem dá a palavra final sobre a decisão de investimento.

Saiba fazer a pergunta certa ao gestor e ao administrador. O tempo deles é curto (e o seu também é).
Foque no operacional. Se a taxa maior para ter gestão ativa que você está pagando faz sentido ou não. Se, mesmo sendo gestão passiva, eles se preocupam com o ativo do FII.
Ou se esqueceram e o FII está jogado às traças.
Antes de perguntar ao gestor/administrador, pergunte ao Google.

Faça perguntas aos outros ao invés de impor sua opinião. Pouco ego e muito risco, como diria o @tioricco.

Tenha sempre uma postura questionadora. Sempre coloque "?" no fim de cada frase que ouvir.

Não se agarre à primeira opção disponível sem antes questionar.

Eu gosto de absorver a opinião das outras pessoas, mas também é importante devolver. Para criar um ciclo positivo.

Aprenda bastante, escute. Mas não esqueça de executar.

Lembre-se da técnica do caiaque, que para seguir adiante é necessário remar dos dois lados: o lado da execução e do lado o aprendizado.

Se ficar apenas aprendendo, o caiaque vai ficar dando voltas em torno de si mesmo e você não vai chegar a lugar algum.

Não faz sentido esperar aprender tudo para poder investir. Você nunca vai chegar em um ponto ótimo.

Sempre vai algo a melhorar. E isso é muito bom. O mercado financeiro é bastante dinâmico e todo dia é um dia novo.

Eu aprendi mais de debêntures conversíveis estudando o caso da Kepler Weber que lendo o material do CFA.

Recolha todas as informações que você julga relevante para decidir se investe ou não no FII.

Depois tome uma decisão, que inclusive pode ser não fazer nada.

Lembre-se que todo mundo tem dúvidas, o que diferencia as pessoas é o que cada um faz com os recursos disponíveis naquele momento. E o conforto com que suas decisões são tomadas.

Não existem decisões ótimas, aprenda isso. Olhando para trás é muito fácil apontar a melhor decisão a ser tomada. O famoso "engenheiro de obra pronta". Pelo bem ou pelo mal, o que já foi passou. E bola para frente.

Não crie barreiras para sua evolução. Todo mundo errou e todo mundo ainda vai errar de novo.

Aprenda mais, sempre.

Entenda o ponto de vista de todos: do gestor, do inquilino, do administrador, dos outros cotistas. E depois tente concluir se há alguma oportunidade para você.

Questione tudo. E depois entenda quem costuma ser superficial ou não.

Nunca recuse opiniões com argumentos.

4.1 FII Shopping

- Como funciona a política de descontos?
- Qual a inadimplência atual e qual seria o nível saudável de inadimplência?
- Qual é a divisão do faturamento entre aluguel mínimo e variável?
- Como está sendo o processo de integração com o ecommerce?
- Como o shopping está se posicionando frente ao risco de uma menor receita de estacionamento devido a novos meios de transporte (patinete, Uber)?
- Qual a dinâmica da competição com outros shoppings na região?
- Como funciona a competição com o varejo tradicional na sua região?
- BR Malls já demonstrou interesse em desinvestir de ativos. Qual o seu poder de barganha contra a BR Malls?
- O shopping possui loja âncora? Ela paga aluguel?
- Os investimentos recentes em datas comemorativas foram bem sucedidos? Você pode citar exemplos?
- Qual o custo de ocupação médio do lojista?
- Existe espaço para futuras expansões?
- Qual a sua maior concentração de inquilino?
- Como está a fila de lojistas para entrar no seu shopping?
- Como é a relação com os outros acionistas do shopping?

4.2 FII imóveis

- Como está o preço do metro quadrado da região?
- Como está a vacância da região?
- Qual será a entrega de novas unidades na região nos próximos anos?
- Quais indústrias costumam se alocar nessa região?
- Essas indústrias estão crescendo ou se retraindo?
- Existe algum incentivo para as empresas se posicionarem nesta região?
- O vetor de crescimento da cidade está indo em direção ao imóvel ou se afastando dele?
- Quando foi a última grande reforma do imóvel? Quando será a próxima?
- Qual a classificação do imóvel?
- O imóvel é uma referência na região ou é a última escolha do inquilino naquela região?
- Existe alguma especificidade nos contratos? (WeWork)
- Qual o cap rate de compra/venda desejado pelo fundo?
- Há concentração de inquilino?
- É o principal imóvel do inquilino? O imóvel está vinculado à imagem do inquilino?
- Existe algum devedor costumaz?
- Qual o mês de reajuste?

4.3 FII CRIs

- Qual a proposta do FII em termos de risco e retorno?
- Quanto tempo o FII demora para alocar os recursos da oferta?
- Qual a diversificação da carteira do FII?
- As garantias do CRI são acessíveis?
- Qual o impacto para a operação do devedor ao perder as garantias?
- O fluxo da operação do CRI é sustentável? Consegue pagar a operação sem acessar a garantia?
- Qual é o histórico de inadimplência do devedor?
- O devedor possui rating?
- Qual o LTV médio da carteira?
- O que ocorre se há atrasos no pagamento ou na obra?
- Existe alguma especificidade do CRI?
- Qual a diferença em termos de taxa desse CRI para outras dívidas que o devedor possui?

4.4 FII FoF

- Qual a estratégia do gestor?
- Ele pode investir apenas em FIIs ou pode investir em CRIs também? Se pode investir em CRIs, qual a diferença dele para FII de CRI?
- O gestor costuma alocar em ativos da própria administradora?
- O ganho de capital é algo relevante para a distribuição de dividendos? Se o fundo não conseguir ter ganho de capital em dois meses seguidos, o que acontece com a distribuição do fundo?
- Qual a maior exposição do fundo e em quanto tempo ele consegue se desfazer da posição?
- Qual a taxa de performance? Ela é atingível?
- O FoF entrega retornos acima do IFIX que justifiquem a taxa de administração?
- O fundo costuma participar de ofertas 476 ou apenas compra FIIs no mercado secundário?
- O FoF já perdeu dinheiro em algum investimento? Qual foi a justificativa?
- O FoF pratica ativismo nos FIIs investidos? No fim das contas, isso é positivo para o cotista?

4.5 FII Desenvolvimento

- Qual a frequência da atualização de evolução das obras do empreendimento?
- Qual a frequência do acompanhamento do gestor no projeto?
- Há competição com outros empreendimentos na sua região?
- Qual a rentabilidade esperada pelo projeto?
- Comparar a margem do projeto com peers listados na bolsa
- Há uso de alavancagem?
- O FII é majoritário ou minoritário em projetos?
- O que acontece se o projeto der errado?
- Quais regiões o FII está procurando e quais regiões as empresas listadas na bolsa estão procurando? Qual o motivo da diferença?
- Qual o histórico de projetos do FII/do gestor?
- A gestora possui expertise imobiliária ou financeira?
- Há concentração de projetos na carteira do FII?
- A dedicação da equipe está 100% no FII ou está dividida por outros projetos?

Capítulo 5 COMO SE ATUALIZAR

Eu sempre acompanhei o Plantão Empresas, site oficial da B3, e com o tempo vi que alguns sites foram criados especificamente para FIIs.

Sites para acompanhar

Plantão empresas

http://bit.ly/plantaoempresas

O site libera dados normalmente das 8h - 20h nos dias úteis.

É o site oficial da Bolsa. Todos administradores devem enviar dados para este site.

Fiis.com.br

www.fiis.com.br

É um site bastante simples e conveniente para ter uma noção geral dos fundos imobiliários. Ele faz uma macro diariamente (no fim do dia) para coletar as informações que estão no site da Bolsa.

Se você não tem o desespero de saber a notícia no momento exato, ele ajuda bastante.

Leia jornais ou pelo menos acompanhe sites de notícia.

No começo você não vai entender muita coisa, é normal. Depois, você acaba recebendo informações distintas e também entende quem apenas informa e quem dá opinião.

E, se a opinião faz sentido, acrescente ela aos seus argumentos para defender uma tese.

Sempre ouça a opinião do consenso (jornais) pois aí é que normalmente mora a oportunidade: quando mercado está muito pessimista, é hora de comprar. Quando está muito otimista, é hora de vender (ou reduzir as compras).

Ouça também com carinho a opinião contrária à sua, pois eles costumam enxergar de uma ótica diferente da sua.

O que assistir
Programa do Arthur Vieira de Moraes, da Infomoney
Live no Youtube do Marcos Baroni, da Suno Research
Gasto em média 2 horas por semana para consumir conteúdo digital e 2 horas por semana vendo site da bolsa/fiis.com.br
Você sempre vai errar, a questão é transformar o erro em aprendizado. E ir evoluindo ao longo do tempo.

Capítulo 6 FIIs QUE POSSUO

Uma vez vi uma entrevista do Thiago Nigro para a Ana Laura Magalhães (@explicaana) e o Thiago comentou que decidiu revelar a carteira dele.

Percebi então que muitas pessoas que falam sobre ações e FIIs falam na maioria das vezes da boca para fora, não informam quais ativos possuem.

Decidi dar um passo na direção de maior transparência e mostrar a minha carteira.

Sim, já vendi FIIs. Cada um com a sua justificativa: DOMC11, RBDS11, BRCR11.

Essa é a minha carteira atual, junto com uma breve descrição de cada FII.

Sugiro a você anotar o motivo de entrar em

determinado ativo e ir se questionando recorrentemente sobre as suas decisões de investimento.

AEFI11

Contrato com a Anhanguera foi feito e 2011 e expectativa de conclusão em 2026. Enquanto a questão não é resolvida, carrego é positivo.

AGCX11

Rio Bravo tomou conta do fundo e está tomando uma postura de diversificação do portfólio, o que acho bastante positivo.

Há o questionamento permanente sobre a viabilidade das agências no médio prazo e Rio Bravo está se antecipando a este problema.

ALMI11

Ativo é bem localizado e preço de entrada foi bom. Mesmo com vacância alta de 82%, financeiro do fundo fica quase no positivo.

Surgindo novos inquilinos, fundo pode voltar a distribuir dividendo e entra no radar de outros investidores.

ALZR11

Possui contrato atípico de locação em São Paulo e no Rio de Janeiro. A baixa diversificação (ter apenas 2 ativos no FII) pode ser corrigida com novas ofertas.

BCFF11

FoF do BTG. Eu acredito que ele poderia ter uma porcentagem menor de ativos do próprio BTG, mas como comprei descontado e gosto da maioria dos FIIs que ele possui, relevei esse problema.

BCRI11

Carteira de CRIs bastante pulverizada e com taxas boas. Resta saber a proatividade do novo administrador na gestão da carteira com a renúncia do Banco Fator.

BMLC11

Lajes no Rio de Janeiro e em São Paulo com vacância razoável. No aguardo de redução da vacância.

CEOC11

Contrato de longo prazo com a TIM. Resta saber quem ganhará a queda de braço: BTG ou TIM.

CTXT11

Contrato de longo prazo com o Itaú. Conforto da vacância baixa é prejudicado pelo poder de barganha do Itaú.

CXCE11

Aluguel de longo prazo para a Cedae (Companhia Estadual de Água e Esgoto – RJ).

Sempre há o questionamento sobre a privatização da Cedae e se ela sairá ou não do imóvel. Enquanto isso o carrego vale a pena.

EDGA11

Um ótimo prédio no Rio de Janeiro que sofreu bastante (em termos de preço de aluguel).

Base de inquilinos diversificada, no aguardo de revisionais positivas quando (e se) o Rio de Janeiro reduzir sua vacância.

FAED11

Três contratos de longo prazo com a Anhanguera por meio de operação de *sale & lease back*.

Na renovação do contrato veremos a importância das unidades para a Anhanguera.

FCFL11

Prédio do Insper. Tendo em vista as expansões praticadas pela faculdade, acredito que ela dificilmente sairá do local.

De qualquer modo, é um ativo bem localizado.

FEXC11

FII de CRIs do BTG. É bastante pulverizado, mas está perdendo importância ao novo FII da mesma casa: BTCR11.

No meu entendimento a gestão atual ainda não esqueceu do FEXC.

FFCI11

FII de imóveis comerciais, com exposição ao Rio de Janeiro e a São Paulo.

Me traz um pouco de desconforto a alta exposição à Avenida Paulista, mas novas emissões devem diluir o portfólio atual.

FIGS11

Gestão passiva de dois shoppings em Guarulhos. Acredito na maturação e competitividade do Parque Shopping Maia.

FIIB11

Possui participação no ativo logístico Perini Business Park (em Joinville/SC). O FII é composto por vários galpões e contratos pulverizados.

O FII possui um potencial construtivo, mas não sei quanto isso será efetivado.

FLMA11

Possui escritórios da torre comercial do Continental Square Faria Lima e é majoritário no hotel Caesar Park Faria Lima.

Eu prefiro o HTMX11 para ter exposição ao setor hoteleiro, mas por questão de preço acabei entrando no FLMA também.

FVBI11

Possui 50% de participação do edifício Faria Lima 4440. Há uma concentração em poucos inquilinos, mas a localização facilita a prospecção de novos inquilinos.

Gosto bastante do ativo, inclusive ainda não entendi o motivo de ter vacância.

GGRC11

Contratos atípicos de longo prazo via BTS e SLB. Os contratos pulverizados, o que é uma boa vantagem contra o ALZR.

GRLV11

Fundo possui 90% do condomínio logístico GR Louveira. Ativo bem localizado que sofreu bastante com anúncio de desocupação da Ambev.

HCRI11

Fundo dono do hospital da Criança. Há uma discussão sobre a revisional do contrato de aluguel. Se o fundo ganhar, é um bom rendimento.

HFOF11

Um dos FoFs da Hedge. Foco específico em alocação em FIIs.

HGBS11

Fundo de shoppings com gestão ativa gerido pela Hedge.

Tenho desde a época do Credit Suisse. Hedge derrubou a taxa de administração, vamos ver a estratégia dele nos próximos anos.

HGJH11

Fundo proprietário de dois ativos muito bem localizados: Metropolitan (Rua Amauri) e Platinum (Rua Jerônimo da Veiga).

HGLG11

Fundo de logística do Credit Suisse que possui (e pratica) gestão ativa.

HGRE11

FII de lajes corporativas com gestão ativa do Credit Suisse. Imóveis não são ótimos como o HGJH mas são bastante diversificados.

HTMX11

É um ativo diferente dos outros e possui a meta de vender todos quartos de hotel que possui. Estou no aguardo do completo desinvestimento.

IRDM11

Equipe fez um ótimo trabalho no VRTA11 e acreditei que eles poderiam replicar a estratégia na nova casa. Entrei na oferta inicial.

JRDM11

Fundo possui 40% do shopping Jardim Sul. Dívida com BR Malls foi resolvida e FII pode focar apenas no operacional do shopping.

JSRE11

Teve uma atitude invejável de se proteger na crise, mas acabou demorando para comprar ativos amassados durante a crise.

KNIP11

Fundo de CRIs da Kinea, focado em "high grade" e atrelado a IPCA. Foi meu primeiro FII de CRI. Hoje eu procuro FIIs com foco em "high yield".

KNRI11

Possui muitos ativos corporativos e logísticos, o que traz tranquilidade em relação ao aluguel. Eu gostaria de que houvesse uma cisão entre a parte logística e a parte corporativa.

MFII11

Fundo de desenvolvimento da Mérito Investimentos. Ativos mais arriscados, mas ao mesmo tempo oferecem maior retorno. Gestor e administrador cometeram uns e o patrimônio caiu 10%. Vamos ver os próximos passos.

MGFF11

FoF da Mogno Capital. Aloca em FIIs, incluindo alguns com emissão 476.

MXRF11

FoF da XP. Aloca em CRIs e em SPEs também. FII bastante pulverizado, o que traz conforto.

NSLU11

Fundo dono do hospital e maternidade Nossa Senhora de Lourdes. Há uma discussão sobre a revisional do contrato de aluguel. Se o fundo ganhar, é um bom rendimento.

PLRI11

FII de CRIs da Polo. Entendo que esses CRIs são mais arriscados que a média do mercado.

PRSV11

Fundo corporativo no Rio de Janeiro composto por dois prédios na Avenida Presidente Vargas. Na espera de uma melhoria na vacância do Rio de Janeiro.

RBBV11

Fundo de desenvolvimento com prazo de duração de 8 anos, vencimento em agosto de 2021.

JHSF garante rentabilidade mensal mínima de IPCA +1% ao ano durante a duração do fundo.

As vendas realizadas vieram muito abaixo do projetado e o questionamento que fica é o que acontecerá com o fundo após o fim da duração: receber cotas da SPE ou JHSF recomprar.

RBRD11

Fundo possui imóveis comerciais na modalidade BTS.

RBRF11

FoF da RBR Asset. Focada principalmente em FIIs de imóveis prontos.

RNDP11

FII de CRIs da Votorantim com prazo de duração de 10 anos. No aguardo do encerramento do fundo.

RNGO11

Proprietário de duas das quatro torres do Centro Administrativo Rio Negro, além do estacionamento e lojas. Taxa de administração é baixa (0.2% ao ano). Sofreu com fim dos benefícios fiscais de Barueri, muitos inquilinos saíram, mas acredito que o pior já foi.

SAAG11

Possui 28 agências bancárias do Santander com contrato de longo prazo.

A grande questão é o que acontecerá com o fundo após o fim do contrato atual com o Santander (2022/2023).

No pior dos casos, a meu ver, teremos algo próximo ao que aconteceu com o AGCX: ter mais liberdade e alocar para outros inquilinos.

SPTW11

Fundo possui dois imóveis, ambos com contrato de longo prazo para a Atento. A dúvida é o poder de barganha do fundo versus a Atento nos momentos de renovação.

TBOF11

Fundo possui o edifício Tower Bridge Corporate, próximo à ponte Estaiada. Prefiro FVBI, acabei comprando TBOF por questão de preço.

TRXL11

Fundo de logística que possui contratos típicos. Pessoalmente não gosto de contratos típicos, mas margem de segurança no momento da compra era boa.

VISC11

Fundo de shoppings da Vinci bastante diversificado.

VRTA11

FII de CRIs do Fator. Carteira é muito boa, galera da Iridium deixou um bom legado.

WPLZ11

Fundo possui 30% do shopping West Plaza. Hedge tomou o FII e quer realizar benfeitorias no shopping.

XTED11

Atualmente com apenas um imóvel vazio em Macaé. No aguardo da venda dele e encerramento do fundo.

Capítulo 7 GLOSSÁRIO

ADTV: *Average daily trading value*. Valor médio diário negociado, o quanto que determinado negocia na bolsa de valores em média.

Ativismo: é um investidor que influencia diretamente no resultado de um FII. Pode ser através de troca de administrador e/ou gestor, como também alterar o regulamento para mudar a proposta do fundo.

É por isso que é importante saber quem investe contigo e tentar descobrir se eles vão querer mudar as regras do jogo ou não.

BTS: Built to suit. Construção e adaptação do imóvel às especificidades de uma determinada empresa.

CRI: Certificado de Recebíveis Imobiliários

CRI High grade: CRI com baixo risco de crédito, possivelmente com alto rating de agência de risco

CRI High yield: CRI com risco de crédito mais elevado, compensando esse risco com mais alto com uma taxa de retorno mais alta.

DCF: Discounted cash flow. Fluxo de Caixa descontado.

Duration: é o tempo médio em que você recebe os pagamentos de um investimento.

FoF: *Fund of funds*. Fundo de fundos em português. Nesse caso, um FII que pode aplicar em outros FIIs.

FFO: Funds from operations. É o resultado da soma lucro líquido com a depreciação e amortização, descontando ganho com venda de ativos.

JHSF: Companhia exposta ao setor imobiliário e listada na B3 sob o ticker JHSF3.

IFIX: É um índice de FIIs da Bolsa representado por uma carteira teórica de ativos cujo critério de inclusão é a liquidez dos FIIs.

Margem de segurança: é basicamente o quanto você está pagando de maneira antecipada ao investir em um ativo. Utilizando premissas conservadoras, a margem de segurança é alta. Com premissas mais agressivas, a sua margem de segurança é menor.

Se algum fundo possui algum dinheiro a receber de uma disputa judicial (FPAB, NSLU) e você compra o FII sem embutir esse dinheiro a ser recebido, o que vier (se vier) é um upside adicional.

Outperformar: superar a performance de determinado índice

P/B: *Price to Book*. Relação entre preço da cota e valor patrimonial da cota

Peers: são ativos semelhantes ao ativo analisado.

Revisional: Normalmente contratos típicos de aluguel possuem a cláusula de possibilidade de revisar o preço do aluguel a cada 3 anos. Esse processo de revisão se chama revisional.

Sale & lease back: Prática do mercado imobiliário em que uma determinada empresa vende um imóvel (*sale*) e logo depois aluga o imóvel (*lease*).

SPE: Sociedade de Propósito Específico.

Upside: o potencial de ganho em determinado investimento.

SOBRE O AUTOR

Artur Losnak, CFA é formado em Engenharia Mecânica Aeronáutica pelo Instituto Tecnológico de Aeronáutica.

Investe no mercado financeiro há mais de 10 anos, possui experiência tanto no sell side quanto no buy side.

Acompanha o mercado de FIIs desde 2013 e possui as certificações CFA, CNPI, CGA, CPA – 20 e Administrador de Carteira de Valores Mobiliários (CVM).

Contate através do Instagram (@losnak).

Alexandre de Oliveira, estudante de Engenharia de Produção pela Universidade Federal Fluminense.

Investidor do mercado financeiro, adepto da filosofia buy and hold. Além disso ensina sobre gestão financeira e como iniciar no mundo dos investimentos.

Contate através do Instagram (@alexandre_o.c).

www.ingramcontent.com/pod-product-compliance
Lightning Source LLC
Chambersburg PA
CBHW070438180526
45158CB00019B/1665